en bateau

Titre original de l'ouvrage : "viajo en barco"
© José M.ª Parramón Vilasaló
© Bordas. Paris. 1987 pour la traduction française
I.S.B.N. 2-04-016876-1
Dépôt légal : mai 1987
novembre 1988

Imprimé en Espagne par
EMSA, Diputación, 116
08015 Barcelona, en octobre 1988
Dépôt légal : B-35.396-88
Numéro d'Éditeur : 785

la bibliothèque des tout-petits

Montserrat Viza
Jose Mª Lavarello

en bateau

Bordas

Comme il est grand ce bateau !
Regarde toutes les voitures
qui entrent !
Et il ne coule pas !

On grimpe sur la passerelle.
Comme on est haut !
Bon voyage ! A bientôt !

En sortant du port,
nous voyons d'autres bateaux
qui chargent
ou déchargent
leurs marchandises.

On dirait une maison flottante.
Que les couchettes sont drôles !

Ça bouge!
Je ne me sens pas bien.
J'ai mal au cœur.

Si ça ne bougeait pas,
je me croirais dans un hôtel.

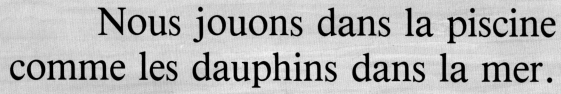

Nous jouons dans la piscine
comme les dauphins dans la mer.

Nous croisons un bateau de pêche.

Nous avons découvert la salle
de jeux avec des petits camarades.
Un de nos amis a déjà voyagé
deux fois en bateau.
Il a bien de la chance !

Du poste de pilotage,
nous dominons la mer.
C'est impressionnant de voir
tous ces instruments !

Nous savons maintenant
comment communiquer
d'un bateau à l'autre
et nous avons essayé
les gilets de sauvetage.
C'est vraiment très amusant.

Les jours d'été sont très longs.
Mais quand le soleil se couche,
l'horizon devient multicolore
et la nuit tombe vite.
Pourtant l'air est encore doux.

Nous arrivons au port, dans un pays inconnu. C'est une belle aventure que de voyager en bateau.

la bibliothèque des tout-petits

les quatre saisons

les cinq sens

la bibliothèque des tout-petits

les quatre éléments

les quatre âges de la vie

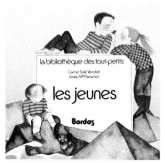

un jour...

BIBLIOTHÈQUE DES TOUT-PETITS

de 3 à 5 ans

Conçue pour les enfants de 3 à 5 ans, la *Bibliothèque des tout-petits* leur permet de maîtriser des notions fondamentales mais un peu abstraites pour eux : la perception sensorielle, les éléments, le rythme des saisons, les milieux de vie...
Ses diverses séries, constituées en général de 4 titres pouvant chacun être lu de manière autonome, en font une miniencyclopédie dont la qualité graphique, la précision et la fraîcheur de l'illustration sollicitent la sensibilité, l'imagination et l'intelligence du tout-petit.

LES CINQ SENS
L'ouïe
Le toucher
Le goût
L'odorat
La vue

LES QUATRE SAISONS
Le printemps
L'été
L'automne
L'hiver

LES QUATRE ÉLÉMENTS
La terre
L'air
L'eau
Le feu

LES ÂGES DE LA VIE
Les enfants
Les jeunes
Les parents
Les grands-parents

LES QUATRE MOMENTS DU JOUR
Le matin
L'après-midi
Le soir
La nuit

JE VOYAGE
En bateau
En train
En avion
En voiture

UN JOUR À...
La mer
La montagne
La campagne
La ville

RACONTE-MOI...
Le petit arbre
Le petit lapin
Le petit oiseau
Le petit poisson

MON UNIVERS
Voilà ma maison
Voilà ma rue
Voilà mon école
Voilà mon jardin

Pour éclater de lire